I0019315

ALEXANDRE TEPLAIRA BOUM
Pr. Jean MBIHI

Commande et monitoring par ordinateur d'un système
d'éclairage

ALEXANDRE TEPLAIRA BOUM
Pr. Jean MBIHI

Commande et monitoring par ordinateur d'un système d'éclairage

Commande et monitoring par ordinateur d'un système d'éclairage de puissance

Éditions universitaires européennes

Mentions légales/ Imprint (applicable pour l'Allemagne seulement/ only for Germany)
Information bibliographique publiée par la Deutsche Nationalbibliothek: La Deutsche Nationalbibliothek inscrit cette publication à la Deutsche Nationalbibliografie; des données bibliographiques détaillées sont disponibles sur internet à l'adresse http://dnb.d-nb.de.
 Toutes marques et noms de produits mentionnés dans ce livre demeurent sous la protection des marques, des marques déposées et des brevets, et sont des marques ou des marques déposées de leurs détenteurs respectifs. L'utilisation des marques, noms de produits, noms communs, noms commerciaux, descriptions de produits, etc, même sans qu'ils soient mentionnés de façon particulière dans ce livre ne signifie en aucune façon que ces noms peuvent être utilisés sans restriction à l'égard de la législation pour la protection des marques et des marques déposées et pourraient donc être utilisés par quiconque.

Photo de la couverture: www.ingimage.com

Editeur: Éditions universitaires européennes est une marque déposée de
Südwestdeutscher Verlag für Hochschulschriften GmbH & Co. KG
Dudweiler Landstr. 99, 66123 Sarrebruck, Allemagne
Téléphone +49 681 37 20 271-1, Fax +49 681 37 20 271-0
Email: info@editions-ue.com

Produit en Allemagne:
Schaltungsdienst Lange o.H.G., Berlin
Books on Demand GmbH, Norderstedt
Reha GmbH, Saarbrücken
Amazon Distribution GmbH, Leipzig
ISBN: 978-613-1-58668-2

Imprint (only for USA, GB)
Bibliographic information published by the Deutsche Nationalbibliothek: The Deutsche Nationalbibliothek lists this publication in the Deutsche Nationalbibliografie; detailed bibliographic data are available in the Internet at http://dnb.d-nb.de.
 Any brand names and product names mentioned in this book are subject to trademark, brand or patent protection and are trademarks or registered trademarks of their respective holders. The use of brand names, product names, common names, trade names, product descriptions etc. even without a particular marking in this works is in no way to be construed to mean that such names may be regarded as unrestricted in respect of trademark and brand protection legislation and could thus be used by anyone.

Cover image: www.ingimage.com

Publisher: Éditions universitaires européennes is an imprint of the publishing house
Südwestdeutscher Verlag für Hochschulschriften GmbH & Co. KG
Dudweiler Landstr. 99, 66123 Saarbrücken, Germany
Phone +49 681 37 20 271-1, Fax +49 681 37 20 271-0
Email: info@editions-ue.com

Printed in the U.S.A.
Printed in the U.K. by (see last page)
ISBN: 978-613-1-58668-2

DEDICACE

A mon épouse ANGOULE A NDZANA Irène

REMERCIEMENTS

Je tiens à exprimer mes sincères remerciements :

- Au Recteur de l'université de Douala, le Pr. Bruno BEKOLO , pour avoir mis au point cette école doctorale dans laquelle j'ai effectuée cette recherche.
- Au Pr. MBIHI Jean qui a initié et encadré ce travail
- Aux membres du GR2IA pour leurs soutiens et encouragements

RESUME

Dans le cadre de la présente recherche, une revue de la littérature nous a permis de constater que la plupart des systèmes d'éclairage de puissance existants sont basés sur des techniques et technologies empiriques, ne permettant pas de satisfaire convenablement aux normes internationales en vigueur relatives au confort et à la santé visuelle, sans oublier le problème important d'économie d'énergie.

Face à cette insuffisance, nous avons contribué au prototypage d'une plate-forme d'étude et d'expérimentation des problèmes de contrôle et de monitoring par ordinateur du flux lumineux produit par un système constitué de n zones indépendantes d'éclairage.

La plate-forme proposée permettra ultérieurement de développer les modèles rigoureux ainsi que les lois de commande par ordinateur des systèmes d'éclairage complexes obéissant aux normes en vigueur.

ABSTRACT

Within the framework of the present research, a review of the literature has given us to see that most of the existing lighting systems are based on empirical techniques and technologies which do not permit to satisfy international norms concerning visual health and comfort and more over do not handle properly the problem of energy saving.

Face with this insufficiency we have contributed in prototyping of a platform of study and experimentation of the problems of control and monitoring by computer of the luminous flux produced by a system made of n independents lighting zones.

The propose Platform will enable us in the future to develop rigorous models and computer control laws of complex lighting systems respectful of norms in effect.

TABLE DES MATIERES

LISTE DES FIGURES

LISTE DES ABREVIATIONS

	SIGNIFICATION
GR2IA	Groupe de recherche en informatique industrielle et automation
DEA	Diplôme d'étude approfondie
USB	Universal serial bus
CBLC	Computer- based light control
A/N	Convetisseur analogique digital
CAO	Conception assistée par Ordinateur
PC	Personnal computer
W	watt

LISTE DES TABLEAUX

Préface

Le contrôle des systèmes d'éclairage repose dans la plupart des cas sur des outils et dispositifs techniques empiriques qui ne permettent pas d'assurer un confort visuelle respectueux des normes en vigueurs[annexe B]. Plusieurs recherches sont en cours pour la maîtrise de la commande des systèmes d'éclairage en vue d'assurer une gestion rationnelle du flux lumineux.. Nous pouvons citer la plus récente qui est celle de R.DE Keyser et Ionescou, « modelling, Identification, and Simulation of lighting Control System » [1]. Dans Ce travail les auteurs ont fait la modélisation d'un système d'éclairage mais se sont limités au niveau des simulations laissant la partie temps réel à une étude ultérieure.

Dans le présent travail qui est l'objet de recherche en DEA, il s'agit de développer une plate-forme matérielle et logicielle de commande et monitoring par ordinateur du flux produit par une source lumineuse de puissance. La partie matérielle sera constituée de deux modules à savoir, un module de commande et un module d'acquisition du flux ; La partie logicielle du système d'instrumentation virtuelle sera développée sous visual Basic ([2],[3],[4]) et peut recourir à un filtre de Kalman si l'aspect stochastique du signal mis en jeu est très prononcé. Notre travail sera reparti ainsi qu'il suit :

- Le chapitre 1 traitera de la revue de littérature, précisément de l'état de la recherche et de la technologie dans la commande et le monitoring des systèmes d'éclairage.

- Le chapitre 2 présentera le prototype du système de commande et les résultats de des essais obtenus.

- Le chapitre 3 présentera le prototype d'acquisition du flux lumineux les résultats des essais obtenus.

- Le chapitre 4 traitera de la plate forme complète de commande et d'acquisition du flux ainsi que des perspectives dans ce domaine qui permettront de respecter rigoureusement les normes en vigueur (NF EN 12464-1, ISO 8995/CIE 8008) présentées en annexe B

1

Chapitre I

REVUE DE LA LITTERATURE ET PROBLEMATIQUE

1.1 Généralités sur la lumière ([5], [int1])

1.1.1 Définitions

La lumière est une onde électromagnétique qui à partir d'un point se propage dans toutes les directions. Elle est constituée d'un flux discontinu de paquets d'énergie appelés photons.

1.1.2 Mesure de la lumière.

Pour mesurer les radiations électromagnétiques, on utilise des métaux particuliers qui émettent des électrons lorsque la fréquence de la radiation lumineuse est supérieure à une certaine valeur. Pour les radiations lumineuses, on utilise différents métaux comme l'Arséniure de Gallium (AsGa).

1.1.3 Les grandeurs photométriques

Les grandeurs de mesure de la lumière sont :

1. Flux lumineux ;
2. Eclairement ;
3. Intensité lumineuse ;
4. Luminance.

1.1.3.1 Flux lumineux

Le flux lumineux est la mesure d'un flux d'énergie d'un rayonnement pondéré par son efficacité à produire une sensation lumineuse. On l'obtient en multipliant le flux énergétique par l'efficacité lumineuse relative pour l'observateur standard approprié (photopique ou scotopique).Le flux lumineux se mesure en lumen.

1.1.3.2 Eclairement (lumineux)

C'est la mesure du flux lumineux reçu par une surface Φ_s, rapportée à l'unité de

Surface . Son expression s'écrit $E = \dfrac{\Phi_s}{S}$. L'éclairement s'exprime en *lumen.m^{-2} ou*

Lux.

3

1.1.3.3 Intensité lumineuse

C'est le flux lumineux émis par une source dans une direction donnée Δ , rapporté à l'angle solide Ω dans lequel il est émis. Son expression s'écrit $I_\Delta = \dfrac{\phi_\Delta}{\Omega}$. Où Δ direction du flux et Ω est l'angle solide. L'intensité lumineuse se mesure en candela(symbole cd)

1.1.3.4 La luminance

Cette grandeur détermine l'aspect lumineux d'une surface éclairée ou d'une source, dans une direction donnée et dont dépend la sensation visuelle de luminosité. Elle s'exprime en cd/m^2 .

1.2 Les types de lampes ([6],[int2],[int3])

Il existe plusieurs types de lampes. Les principales sont :

- o Les lampes à incandescence
- o Les lampes Fluorescentes
- o Les lampes à décharge

1.2.1 Les lampes à incandescence

Il existe deux catégories de lampes à incandescence, les lampes standards, les lampes Halogènes.

1.2.1.1 Les lampes standard

Les lampes standards à incandescence ou encore lampes « classiques » sont communément utilisées pour la grande majorité des applications du fait de leur faible coût d'achat. Ce coût est à relativiser car l'efficacité lumineuse est plus faible (environ 14 lm/W et leur durée de vie limitée (environ 1 000 h). Ces défauts sont dus à l'évaporation du filament de tungstène qui est porté à une température élevée, ce qui provoque un noircissement de l'ampoule. Enfin, il est bon de noter que les lampes à incandescence provoquent à l'allumage des courants d'appel en pointe très élevés.

4

1.2.1.2 Les lampes halogènes

La technique employée consiste à ajouter une quantité d'halogène au gaz de l'ampoule qui permet de restituer au filament une partie du tungstène évaporé. Cela réduit donc fortement le noircissement et permet de faire fonctionner le filament à des températures plus élevées. L'efficacité lumineuse est supérieure à celle d'une lampe classique ; elle est approximativement du double. Cette efficacité est quasiment constante durant sa période de vie. Par ailleurs, ce type de lampe offre un meilleur confort visuel, sa lumière blanche assurant un très bon rendu des couleurs (IRC(Ra) = 100). Dans la famille des lampes halogènes, il faut distinguer trois classes de produits :

- Les lampes simple enveloppe à double culot.

  Elles sont utilisées dans de nombreuses applications, en particulier dans les bâtiments d'habitation. Elles sont conçues pour des luminaires spéciaux qui émettent généralement un éclairage indirect par réflexion sur le plafond. Si la lampe comporte des tâches de doigts ou de gras, il faut la nettoyer avec un chiffon imbibé d'alcool avant sa mise en service.

- Les lampes double enveloppe à simple culot

  Ce type de lampes combine les progrès apportés par l'halogène et certains des avantages de la lampe classique. La lampe est composée d'un tube halogène incorporé dans une deuxième enveloppe constituée d'une ampoule et d'un culot standard. Parmi ses principaux avantages apportés, on notera :

  -manipulation aisée (pas de précaution particulière),

  -totale interchangeabilité avec des lampes classiques,

  -émission de chaleur identique à celle des lampes classiques,

  -performances de l'halogène.

- Les lampes très basses tension

  Alimentées en 12 V ou 24V, elles sont employées en éclairage général ou en éclairage d'appoint pour les hôtels et les restaurants ainsi que dans les bâtiments d'habitation et de bureaux (principalement au niveau des tables de travail pour ce dernier cas d'application.

1.2.2 Les lampes fluorescentes

Les lampes fluorescentes sont constituées d'un tube de verre recouvert d'une mince pellicule constituée d'une poudre photoluminescence. Deux électrodes situées à chacune des extrémités à l'intérieur du tube émettent des décharges électriques. Ces décharges produisent des rayonnements ultraviolets qui sont transformés en lumière par la pellicule de matière fluorescente. Par rapport aux lampes à incandescence classiques, elles présentent une efficacité et une durée de fonctionnement très supérieure (jusqu'à 8 000 h). Les lampes fluorescentes doivent être couplées à une alimentation électrique (le ballast) et à un dispositif d'amorçage (le starter). Certains modèles dans la famille des lampes compactes intègrent ces deux dispositifs. Deux types de ballasts peuvent être mis en place :

1. le ballast électromagnétique classique couplé avec un starter à électrodes ou avec un starter électronique. Le starter électronique offre les avantages suivant par rapport à un starter à électrodes :

    o durée de vie des lampes augmentée d'environ 30% assurée par un préchauffage des électrodes,

    o nombre d'allumages élevé (environ 100 000),

    o allumage franc sans effet de papillonnement,

    o absence de clignotement de la lampe en fin de vie.

Son prix plus élevé, de l'ordre de 5000 CFA contre 200 CFA (tarif 2007) pour un starter à électrodes doit être pris en compte dans le choix de cette solution qui convient plus particulièrement aux locaux où le confort et l'absence de perturbation électromagnétique sont nécessaires. Elle convient également pour les lieux où la maintenance des installations s'avère difficile et coûteuse à cause d'un accès aux luminaires peu aisé. Le ballast électromagnétique nécessite un condensateur de compensation de l'énergie réactive.

2. le ballast électronique HF (Hautes Fréquences > 25 kHz) qui offre les avantages suivant par rapport à un ballast électromagnétique :

   o . durée de vie des lampes augmentée jusqu'à 50%,

   o . arrêt automatique de la lampe en fin de vie,

   o . absence de starter et de condensateur de compensation,

   o . économie d'énergie par la possibilité de gradation du flux lumineux émis (au moyen d'un potentiomètre, d'une cellule photoélectrique,...).

Il convient plus particulièrement aux locaux où le confort et l'absence de perturbation électromagnétique sont nécessaires et où la maintenance est difficile, ainsi que dans tous les lieux où un réglage du niveau d'éclairage peut être mis en place (salles de réunion, de restauration, hall d'accueil,...). Dans la catégorie des lampes fluorescentes, on distingue les tubes fluorescents et les lampes compactes.

- Les tubes fluorescents

   Les tubes fluorescents couvrent un large domaine d'applications. Ils sont utilisés dans l'ensemble des secteurs du bâtiment du fait des avantages proposés :

   o efficacité lumineuse importante : de 56 lm/W pour la gamme standard à 75 lm/W pour la gamme à haut rendement, bon rendu des couleurs (IRC (Ra) entre 85 et 95),

   o large gamme de teintes (entre 3 et 5 gammes de teintes proposées pour les tubes à haut rendement et les tubes standards).Les tubes flurescents nécessitent néanmoins un luminaire spécifique qui incorpore les dispositifs d'allumage (le starter) et d'alimentation du tube (le ballast). Par conséquent, il est nécessaire de prendre en compte la périodicité de remplacement de ces "accessoires" pour ce type d'éclairage.

- Les lampes fluorescentes compactes (fluocompactes)

Les lampes compactes présentent les qualités des tubes fluorescents, en particulier une très bonne efficacité lumineuse (de 75 lm/W à 80 lm/W), une compacité et une compatibilité avec les culots des lampes à incandescence. Elles permettent de dégager des économies pouvant aller jusqu'à 80% par rapport aux consommations électriques des lampes "classiques". Malgré un coût unitaire élevé (entre 7000CFA et 12000CFA, tarif 2007), cette solution est économiquement rentable du fait de la durée de vie moyenne importante (entre 6 000 et 8 000 h). Parmi les autres avantages de cette solution, leur faible dégagement de chaleur évite les risques de brûlure. Cette caractéristique les rend particulièrement adaptées dans les chambres d'enfants, ou de malades.... Elles réduisent également les risques d'incendie. D'autres modèles, n'incorporant pas les dispositifs d'allumage et d'alimentation peuvent se substituer à des tubes fluorescents moins compacts. Dans ce cas, il y a lieu, d'opérer à un changement de luminaires. Les lampes compactes présentent des particularités techniques qui entraînent certaines contraintes d'utilisation :

- o leur durée de vie décroît très sensiblement si on leur applique des cycles de marche/arrêt inférieurs à 2,5 minutes ; elles ne doivent donc pas être utilisées avec une minuterie.
- o leur technologie ne leur permet pas d'être associées à un variateur de lumière.
- o leur facteur de puissance variant de 4 à 5, un dispositif de compensation de l'énergie réactive doit être mis en place lorsqu'elles sont utilisées en grand nombre (se reporter aux caractéristiques données par les fournisseurs).

1.3 Impact du contrôle d'éclairage sur la consommation électrique [19]

Une étude menée au USA *Fig.1.1* a permis de mettre en évidence l'économie réalisée par l'utilisation d'un système de commande automatique d'éclairage. Elle permet d'affirmer que lorsque l'extinction est automatique, l'économie est assez substantielle.

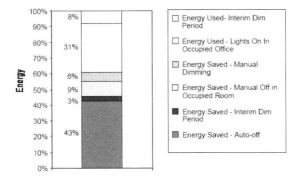

100% energy use is equivalent to on-full light use for a ten-hour business day.

Fig. 1.1- *Energie économisée et utilisée par les différentes techniques de commande[19]*

A partir de cette étude et bien d'autres, nous pouvons affirmer qu'un choix judicieux du système de commande peut conduire à une économie substantielle en énergie électrique.

1.4 Les systèmes d'éclairage et leur commande ([6],[8])

Un système d'éclairage est une interconnexion d'organes électromécaniques, électroniques, électriques, et même informatique dont le but est de fournir la lumière. On distingue plusieurs types de système d'éclairage :

- Système d'éclairage urbain ;
- Système d'éclairage domestique ;
- Système d'éclairage automobile ;
- Systèmes d'éclairage de bureau ;
- Systèmes d'éclairage sensible à la lumière du jour etc.

Ces systèmes sont constitués souvent d'interrupteurs crépusculaires et de poteaux électriques le long des rues, des montages de type simple allumage, va et vient , minuterie télérupteur etc.

Pour les systèmes d'éclairage sensible à la lumière, la cellule photoélectrique peut être placée soit à l'extérieur ou face à la fenêtre, afin de ne capter que la lumière du jour, soit à l'intérieur de l'espace afin de mesurer la lumière du jour et la lumière électrique totale (en lux constants). Dans ce dernier cas, le capteur photoélectrique peut soit contrôler plusieurs luminaires, soit être placé sur chaque luminaire pour un contrôle individuel. Les systèmes de commande les plus courants sensibles à la lumière du jour se divisent en trois catégories :

- **Systèmes On/Off** : un déclenchement photoélectrique entraîne des changements soudains et visibles du niveau de l'éclairage, pouvant importuner les occupants. L'utilisation de ce système est optimale pour les zones correctement ensoleillées et subissant peu de déclenchements, comme par exemple les abords de fenêtres. En outre, il est important que le système de commande soit muni de temporisations afin d'éviter des déclenchements rapides et répétés causés, par exemple, par le déplacement rapide des nuages.
- **Systèmes à paliers** : ces systèmes sont identiques à ceux mentionnés ci-dessus, mais possèdent une ou plusieurs positions d'éclairage intermédiaires entre On et Off.
- **Systèmes de gradation** : Ils permettent de garantir que la quantité de lumière du jour et de lumière électrique atteint toujours le niveau-type, grâce à une analyse de la lumière totale à l'intérieur de la zone contrôlée et à un ajustement de l'éclairage électrique, afin qu'il complète la lumière du jour si nécessaire. Si la lumière du jour à elle seule atteint le niveau-type, l'éclairage électrique s'éteint petit à petit. Contrairement au déclenchement photoélectrique, le système de commande de gradation photoélectrique est

10

relativement discret. Le potentiel d'économie d'énergie représenté par le système de commande de gradation est plus important que celui d'un simple déclenchement photoélectrique. En outre, son mode de contrôle semble être beaucoup plus agréable pour les occupants. Les évolutions qui ont eu lieu dans le domaine des ballasts électroniques ont facilité l'utilisation de systèmes de gradation photoélectriques pour les lampes fluorescentes, plus particulièrement dans les locaux commerciaux.

D'une manière générale, si la lumière du jour est suffisante pour répondre aux besoins en éclairage à un moment significatif de la journée, les économies d'énergie seront par conséquent énormes. Les recherches effectuées [7] ont prouvé que la probabilité d'allumer l'éclairage électrique en entrant dans une pièce était très intimement liée à la quantité de lumière du jour présente, mais que la lumière était rarement éteinte après que le dernier occupant ait quitté la pièce.

Le fait qu'un système de commande sensible à la lumière du jour soit fiable ou non dépend de la quantité de lumière naturelle présente à l'intérieur de la pièce. Les applications les plus appropriées sont bien évidemment les pièces largement ensoleillées.

Ces différents systèmes ont besoin d'être commandé pour produire l'effet escompté c'est-à-dire la lumière. La commande a souvent été manuelle, semi-automatique et automatique. La quantité de flux a souvent été déterminé par les caractéristiques des différentes lampes installées et leur nombre. Dans ces commandes, on n'est pas capable de déterminer avec exactitude la quantité de lumière que l'on a à un moment donné quel que soit les variations des données liées au vieillissement des lampes ou à l'alimentation électrique de celles-ci. Parmi ces commandes, nous pouvons citer :

- La commande par disjoncteur.

  Dans ce mode de commande, les lampes restent allumées 24heures sur 24 heures ou sont commandées par des disjoncteurs. Leurs application est peu courante et il y'a un manque total de contrôle du flux lumineux.

- La commande par interrupteurs à tension de secteur(simple allumage, télérupteur,etc…) . Ce type de commande offre une commande manuelle locale. Le coût d'installation est le plus bas. Chaque interrupteur commande un circuit d'éclairage. Pas de contrôle de flux lumineux.
- La commande par interrupteur à basse tension.

Cette commande est installée pour servir de commandes d'éclairage à tension plus haute, notamment les éclairages de 347volts; semblables aux interrupteurs de tension de secteur standard. Un interrupteur peut commander de nombreux circuits d'éclairage. Il n'y a pas de contrôle de flux dans cette commande.

- La commande par interrupteurs centraux à basse tension.

Cette commande utilise des interrupteurs installés à un emplacement central, en général à la sortie, par exemple près de l'ascenseur. Ces interrupteurs sont en général utilisés seulement par le personnel d'entretien et l'éclairage fonctionne pendant de nombreuses heures. Cette commande ne permet pas de contrôler la quantité de flux et ses variations.

- La commande informatique ou à minutage.

Cette commande se fait par circuit, soit automatiquement par une horloge ou un logiciel PC. Cette commande ne permet pas un contrôle de la quantité de flux.

- La commande par détecteur à infrarouge.

Elle permet une commande automatique de l'éclairage. Détecte l'énergie, notamment les corps humains et les mouvements. Offre une commande d'extinction ou d'allumage aux fins de contrôle plus précis. Appropriés pour les endroits tels que les bureaux fermés et les pièces fermées.

- La commande par détecteurs à ultrasons.

Elle utilise les ondes sonores à ultrasons. Le mouvement d'une personne dans son voisinage change le retour de l'onde sonore, ce qui a pour effet d'allumer l'éclairage. Elle est appropriée pour les bureaux à aire ouverte, les toilettes et les grandes pièces. Elle ne permet pas de contrôler la quantité de flux.

- La commande par détecteurs à double technologie

  Cette commande combine les technologies des détecteurs à infrarouge et à ultrasons. Elle est en général utilisée dans les zones difficiles à commander avec tout autre équipement standard. Parmi les applications les mieux adaptées, citons les salles d'ordinateurs, les salles de conférence et les salles de classe. Elle ne permet pas de contrôler la quantité de flux.

- La commande par lecteur de carte

  Cette commande est généralement utilisée conjointement avec un système commandé par un logiciel PC. Le lecteur de cartes remplace le système de commutation local à basse tension. Ces systèmes fournissent des indications à la direction s'ils sont combinés à un système de contrôle d'accès par carte. Ils peuvent être programmés pour commander l'éclairage là où les employés sont autorisés à travailler. Cette commande ne permet pas de contrôler la quantité de flux.

- La commande par gradateur.

  L'utilisation des gradateurs d'éclairage est en général limitée aux salles de conférence, etc. Les systèmes actuels peuvent commander l'éclairage fluorescent de façon individuelle au moyen de gradateurs manuels, de détecteurs d'éclairage ou de commandes à distance. Utilisés dans des espaces ouverts, par exemple les bureaux à aire ouverte, ils peuvent générer des économies d'énergie supplémentaires. Ces systèmes, dont le coût est plus élevé, permettent aux utilisateurs de régler les niveaux d'éclairage selon leurs besoins particuliers. Le niveau d'éclairage n'est pas souvent régulé : une variation de la tension secteur provoque une variation du niveau d'éclairement. La commande se fait sans une connaissance du comportement du système (gradateur) utilisé en statique comme en dynamique.

Les systèmes de commande que nous venons de présenter, permettent certes de fournir la lumière mais, ils ne permettent pas de réguler la quantité de lumière et n'offrent pas la possibilité de choisir la quantité de flux en fonction d'une activité précise. Les activités tels que la lecture, le sport etc... ont besoin d'une quantité bien précise de flux au risque de causer un dommage à la santé des yeux et même au système nerveux. La quantité de flux par activité a été normalisée. Le tableau 1.1 correspond à des normes en vigueur (annexe B),[int4].

Zones,Tâches et Activié	Eclairement moyen à maintenir(lux)Valeur minimale
Zone de circulation et couloirs	100
Escaliers,quai de chargement	150
Magasins, entrepôts	100
Magasins de vente, zone de vente	300
Zone de caisse	500
Espaces publics, halls d'entrée	100
Guichets	300
Restaurants, hôtels Réception,	300
Cuisines	500
Bâtiments scolaires,	500
Salle de conférences	500
Salle de dessin industriel	750
classement	300
dactylographie, lecture	500

poste CAO	500
réception	300

Tableau.1.1 -*Types d'activités et quantité de flux*

Au vue de cette normalisation, il est donc nécessaire de tenir compte de la quantité de flux par activité. Parmi les systèmes de commande les plus avancés à l'heure actuelle, on peut citer celui mis au point par Lutron [int6] qui permet de régler la quantité de flux au niveau de son poste de travail à partir d'un module de commande manuelle mais qui ne garantit pas un flux constant quelque soit les variations du secteur et celle de la position géographique de l'utilisateur. Par ailleurs la quantité de flux est déterminée par l'utilisateur qui, peut ne pas toujours savoir ce qui lui est nécessaire ; étant attendu que la quantité de lumière a un rapport avec la quantité d'énergie consommée, il est nécessaire d'utiliser la quantité de lumière strictement utile si l'on voudrait économiser l'énergie.

Plusieurs recherches ont été menées dans la commande des systèmes d'éclairage.
Nous pouvons citer les travaux de :

- R. De Keyser et C.M. Ionescu [1] qui sont entrain de travailler sur la modélisation,l'identification et la simulation d'un système d'éclairage. L'objet de leur travaux est de mettre sur pied un système de commande d'éclairage qui pourra s'intégrer dans un microcontrôleur avec maîtrise complète de la régulation du flux lumineux. A l'heure actuelle, ils sont encore au niveau des simulations . Ce système n'offre pas la convivialité d'une interface homme/machine qu'offrirait un ordinateur et ne permet pas d'adapter la quantité de flux à une activité précise..

- F. Rubinstein, R. Verderber et G. Ward [9] portant sur le contrôle du système d'éclairage par un contrôleur proportionnel. Là encore, le choix du flux à partir d'une activité bien précise n'est pas envisagé.

15

- F. Rubinstein,G.Ward et R.Verderber.[10] portant également sur l'amélioration de la performance d'un système d'éclairage contrôlé par des capteurs photoélectriques .Dans ces travaux les auteurs utilisent une boucle de régulation proportionnelle de l'éclairage.

1.5 Problématique

L'examen des systèmes de commande de flux lumineux déjà mis au point nous permet de faire un certains nombre de remarques :

- La majorité des systèmes de commande sont manuels
- La détermination de la quantité de flux se fait de façon empirique : on se réfère aux données constructeurs sur les lampes et à partir de là on détermine la quantité de flux. Pour affiner cette détermination, l'on utilise un luxmètre que l'on promène dans la salle. Si la quantité de flux est trop important ou trop faible, on procède au changement des lampes.
- Certains systèmes permettent de faire varier la quantité de flux , mais ne garantissent pas de la stabilité du flux.
- La majorité des systèmes de commande ne sont pas basé sur un modèle de connaissance rigoureux du système de commande. La commande se fait en tout ou rien.
- Très peu de systèmes envisagent une commande par ordinateur. Beaucoup se contentent de la commande par microcontrôleur sans toute fois proposer un modèle du système à commander.
- La quasi-totalité de ces systèmes n'ont pas mis au point un système expert permettant de fournir la quantité de flux lumineux nécessaire à une activité préalablement choisi.
- Les travaux les plus avancés en modélisation et commande des systèmes lumineux se limitent à la régulation de la quantité de flux à un point précis d'une pièce, sans l'adapter à la position géographique variable de celui qui l'utilise.

16

Au vue de tous ces constats, notre recherche vise donc à mettre au point un système de commande et de monitoring de système d'éclairage de puissance par ordinateur qui permette à un moment précis, de choisir la quantité de flux en fonction de son activité et de maintenir cette quantité constante quelque soient les variation du flux dues au vieillissement des lampes et à la lumière ambiante extérieure à la pièce. Pour cela il faudra à long terme :

1. Développer un modèle dynamique rigoureux des systèmes de commande lumineux,
2. Bâtir un système expert pour la commande et le monitoring d'un système d'éclairage de puissance multi niveaux.

A court terme il faudra :

1. Bâtir un prototype expérimental d'un système d'éclairage de puissance commandé par ordinateur.
2. Proposer un modèle statique de la partie commande du flux.
3. Développer une plate-forme logicielle permettant de faire la commande et l'acquisition du flux de lumière.

Chapitre II
PROTOTYPAGE DU SYSTEME D'ECLAIRAGE COMMANDE PAR ORDINATEUR

Le système d'éclairage proposé est constitué d'une partie matérielle et d'une partie logicielle. Les développements résultants et les résultats obtenus ont été intégrés dans un outils E-learning original qui a fait l'objet d'un article soumis à la revue IJEEE(International Journal of Electrical Engineering Education)[11]. Une copie du dit article est jointe en annexe A de ce mémoire.

2.1. Architecture générale.

Le schéma bloc de cette architecture est présenté sur la fig.2.1. Il résulte de l'extension des travaux antérieurs [12] et est constitué de M sous-systèmes indépendants de contrôle d'éclairage programmable qui délivre chacun un groupe de n-bits qui attaque un convertisseur numérique-analogique. Le module terminal étant un bloc contrôlé en tension commandant un générateur d'impulsion et un triac de puissance. Tous les sous systèmes de contrôle d'éclairage partagent un même bus de sortie (PORT) d'un ordinateur à travers une interface numérique si nécessaire.

Un prototype à deux étages a été mis au point pour les besoins éducatifs. Du côté de l'ordinateur, les deux sous systèmes partagent le même port LPT d'un PC (ordinateur), pendant que de l'autre côté un 74LS374 (verrou) , un DAC 0808 (convertisseur numérique-analogique) et un module de contrôle VELLEMAN prêt à l'emploi intégrant un triac de puissance de 220V-750W ont été utilisés. Pour ce choix particulier de composant le coût du prototype est minimisé. En plus, le développement logiciel du contrôle de la tension nécessite relativement peu d'efforts. L'algorithme de base utilisé pour le contrôle du prototype est présenté à la fig. 2.2.

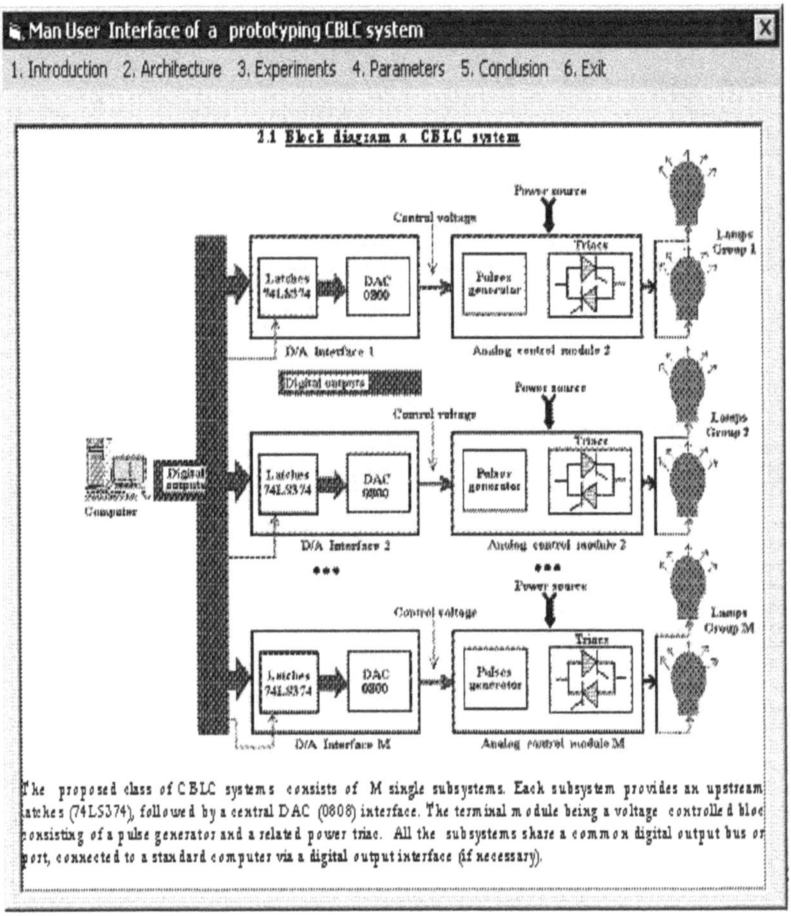

Fig. 2.1- schéma bloc de l'architecture générale.[11]

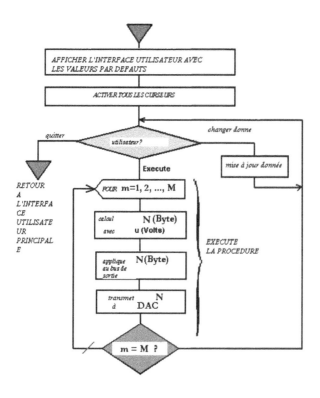

Fig. 2.2 -*Algorithme de base pour le contrôle en temps réel de l'éclairage*

2.2 Prototype expérimental [12]

La fig.2.3 présente une commande indépendante de deux sous systèmes d'éclairage.

Dans ce schéma, on retrouve deux amplificateurs de bus 74LS245, deux convertisseurs numérique-analogique DAC 0808, deux amplificateurs opérationnel et deux blocs gradateur. La figure 2.4 présente une commande d'un seul système d'éclairage : c'est ce schéma qui a fait l'objet d'une réalisation. Dans cette figure nous pouvons distinguer trois parties : un bloc d'alimentation, une partie qui s'occupe de la conversion numérique-analogique constituée comme le schéma précédant à savoir un amplificateur de bus et un convertisseur DAC 0808 et une partie constituée essentiellement du module VELLEMAN.

La fig. 2.4 présente une photo du montage expérimental. Dans cette image nous pouvons remarquer la présence d'un ordinateur, d'un module de commande, d'un luxmètre, des câbles de liaison et d'une interface homme/machine convivial.

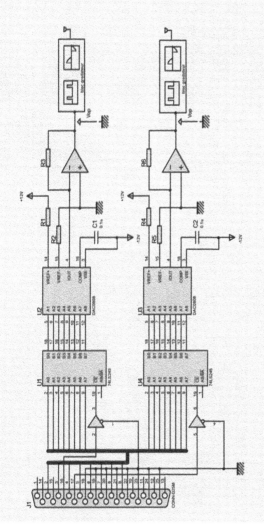

Fig. 2.3- Schéma électronique de la commande de deux sous systèmes indépendants

22

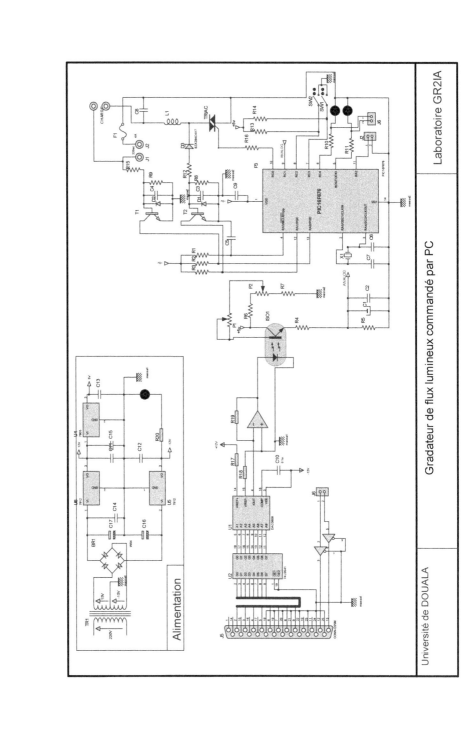

Alimentation

Gradateur de flux lumineux commandé par PC

Université de DOUALA

Laboratoire GR2IA

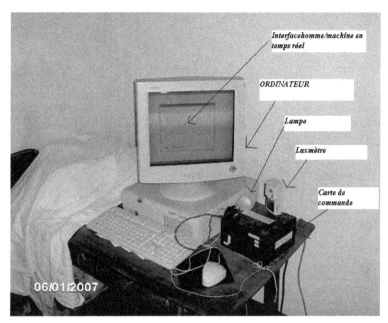

Fig.2.5- Image du montage expérimental

2.3 Modélisation expérimentale

Pour déterminer le modèle statique du prototype du système d'éclairage, nous avons utilisé la technique d'estimation des moindres carrés [14]. Nous avons déterminé les modèles linéaires et cubiques et retenu le modèle cubique qui est le plus proche de la courbe expérimentale.

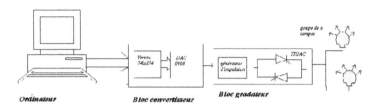

Fig 2.6 Synoptique du montage expérimentale

Nous présentons dans le tableau 2.1 les résultats de nos différents essais et sur la fig. 2.6 les réseaux de caractéristiques résultants. Les fig. 2.7,2.8,2.9 présentent les résultats de nos essais de modélisation statique en tenant compte de la distance entre la source de lumière et la position du luxmètre ([15],[16]).

Flux (lm) à 1cm	Flux (lm) à 2cm	Flux (lm) à 3cm	Flux (lm) à 4cm	Flux (lm) à 5cm
0	0	0	0	0
0	0	0	0	0
0	0	0	0	0
0	0	0	0	0
575	0	0	0	0
690	172,5	0	0	0
805	172,5	0	0	0
920	172,5	57,5	0	0
1035	460	115	115	0
1150	563,5	115	115	0
1265	575	115	115	0
1610	575	115	115	0
2415	575	575	287,5	115
2415	575	575	345	115
2645	1437,5	862,5	460	230
3450	1725	1150	690	460
3565	1725	1150	805	563,5
3795	1840	1150	805	575
4485	2300	1380	1150	690
4485	2415	1495	1150	690
4485	2410	1495	1150	690
5175	2587,5	1725	1265	805
5175	2587,5	1840	1265	805
5175	2587,5	1840	1265	805
5290	2587,5	1840	1265	862,5
5290	2587,5	1943,5	1380	862,5
5290	2702,5	1943,5	1380	862,5
5290	2760	1943,5	1380	862,5
5290	2760	1943,5	1380	920
5290	2863,5	1943,5	1380	920
5290	2863,5	1943,5	1380	920
5290	2863,5	1943,5	1380	920
5290	2863,5	1943,5	1380	920

Tableau. 2.1 - Récapitulatif des flux recueillis

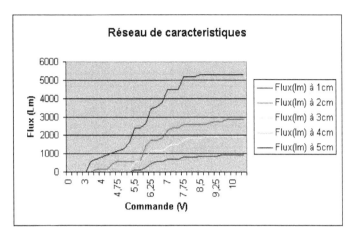

Fig. 2.7 -Réseau de caractéristiques

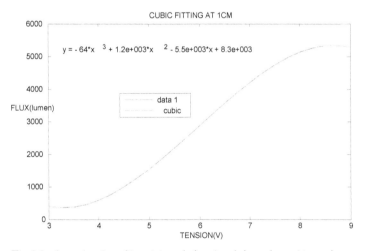

Fig. 2.8- Approximation cubique à 1 cm du luxmètre de la courbe expérimentale

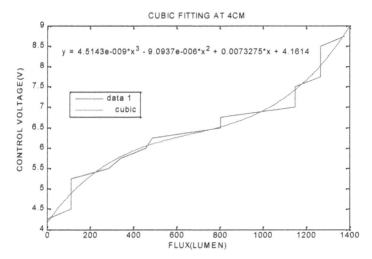

Fig. 2.9- Approximation cubique à 4cm du luxmètre

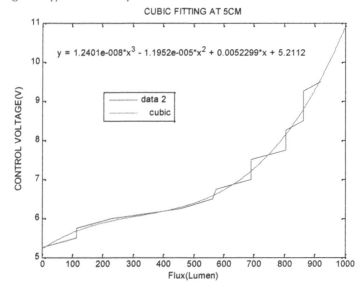

Fig. 2.10- Approximation cubique à 5cm du luxmètre

2.4 Logiciel de commande par ordinateur de l'éclairage ([17],[18])

2.4.1 Panneau de contrôle virtuel

Le panneau de contrôle virtuel présente deux sous systèmes indépendants de commande pouvant avoir des caractéristiques différentes l'un de l'autre, deux verrous et deux convertisseurs numérique-analogique . Il permet de visualiser la forme de la caractéristique ainsi que les tensions appliquées sur les modules à triac.

Ce panneau de contrôle a connu un développement logiciel [2] et un test en temps réel sous visual basic que nous présentons dans les figures 2.10, 2.11

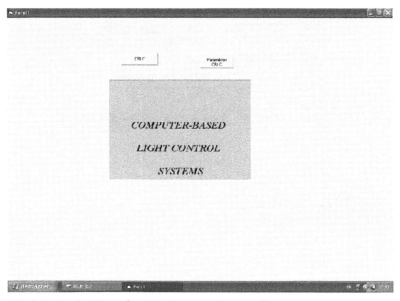

Fig. 2.11- Interface Homme/machine du panneau de commande

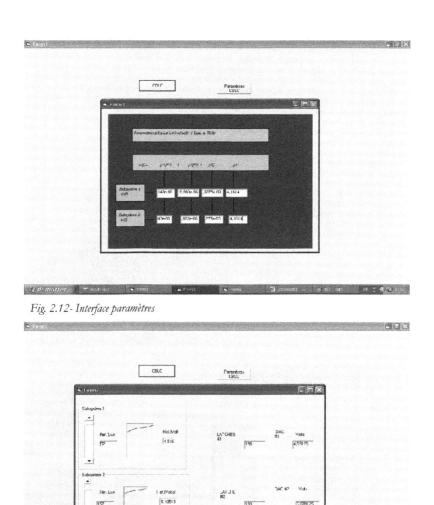

Fig. 2.12- Interface paramètres

Fig. 2.13- Interface de commande et de visualisation

30

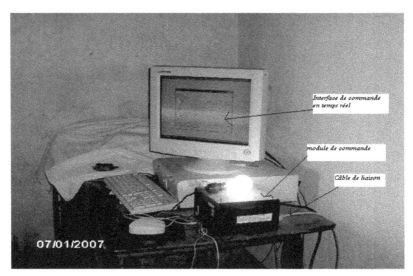

Fig. 2.14 -Plate forme de commande en temps réel.

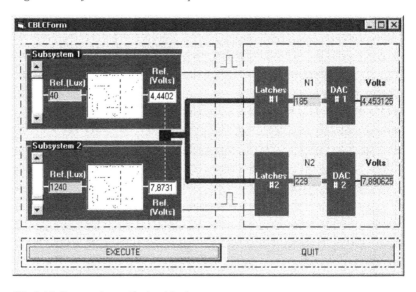

Fig. 2.15- Panneau de contrôle virtuel final

2.4.2 .Algorithme de commande.

La fig. 2.11 présente l'algorithme de commande en temps réel .

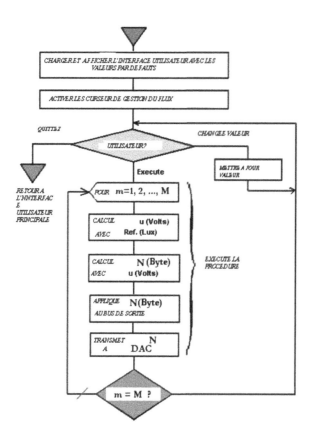

Fig. 2.16 -Algorithme de commande en temps réel .

2.5 Notion d'architecture du port parallèle et Programmation

2.5.1   Architecture matérielle et logicielle du Port Parallèle

Sur le plan matériel, le port parallèle se présente comme une prise DB-25 mâle ou femelle. La figure 2.17 Présente l'aspect physique du port parallèle.

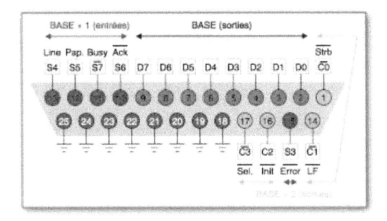

Fig2.17 *Architecture matérielle du Port parallèle DB-25femelle.*

Cette figure nous présente le brochage et les différents bits associés au port parallèle. Nous reconnaissons ici en bleu les différents bits du bus de données, en rouge les différents bits du registre d'état et en vert les différents bits du registre de commande.
Les tableaux ci-dessous présentent les différents registres.

Registre	Lecture / Ecriture	Bit N°	Description
registre de données Adresse de base + 0 378h pour port ecp	Lecture / Ecriture selon l'état du bit 5 du registre de commande (adresse de base + 2)	7	D7
		6	D6
		5	D5
		4	D4
		3	D3
		2	D2
		1	D1
		0	D0

Tableau 2.2 Registre de données

L'écriture d'un octet dans le registre de données place immédiatement les lignes D0-D7 aux niveaux demandés. Le STROBE n'a pas besoin d'être à l'état bas pour que l'état des lignes de données soit validé.

Registre	Lecture/Ecriture	Bit N°	Description
registre d'état Adresse de base + 1 379h pour port ecp	Lecture	7	\ Busy
		6	\ Ack
		5	Paper Out
		4	Select in
		3	\ Error
		2	\ IRQ
		1	Réservé
		0	Réservé

Tableau 2.3 *Registre d'état*

Ce registre d'état, accessible uniquement en lecture représente l'état des lignes Error, Select, PO, Ack et Busy

Registre	Ecriture	Bit N°	Description
		7	Inutilisé
		6	Inutilisé
registre de commande		5	Dir
	Ecriture	4	Enable IRQ (Via Ack)
Adresse		3	\ Select Printer
de base + 2		2	\ Initialize
37A pour port ecp		1	\ Autoline Feed
		0	\ Strobe

Tableau 2.4 *Registre de commande*

Ce registre de commande est accessible à la fois en lecture et en écriture. Les 4 premiers bits représentent les lignes Strobe, AutoFeed, Init et SelectPrinter. Le bit 4 autorise ou non le déclenchement d'une interruption lorsque ACK passe à l'état bas (quand l'imprimante valide la réception d'un caractère). Le bit Dir (5) indique le sens de la communication pour les ports bidirectionnels (Bidir, EPP, ECP). En mettant ce bit à 1, le port est accessible en lecture.

2.5.2   Programmation du port parallèle

En visual basic sous windows, il est impossible d'attaquer les ports parallèles directement. Il faut avoir recours à une dll spécialisée comme InpOut32.dll. dont le code source sous Delphi 4 est :

35

```
library InpOut32;
uses SysUtils;
var ByteValue:Byte;
procedure Out32(PortAddress:smallint;Value:smallint);stdcall;export;
begin
   ByteValue:=Byte(Value);
   asm
      push dx
      mov dx,PortAddress
      mov al, ByteValue
      out dx,al
      pop dx
   end;
end;
function Inp32(PortAddress:smallint):smallint;stdcall;export;
begin
   asm
      push dx
      mov dx, PortAddress in
      al,dx
      mov ByteValue,al
      pop dx
   end;
   Inp32:=smallint(ByteValue) and $00FF;
end;
Exports
Inp32,
Out32;
begin
end.
```

Pour utiliser la dll sous visual basic, il faut insérer le code suivant en tête du module principale :

Pubic declare function Inp lib "InpOut32.dll"Alias "Out32"(ByVal PortAddress As integer, ByVal Value As integer)

En suite on peut uttilise les commandes simples:

INP(Adresse)

OUT Adresse, Donnée

Exemple avec un port parallèle de type ECP

Ayant pour adresse de base 378h :

Valeur=INP(&H379)

Out &H378, 5

Chapitre III.
PROTOTYPAGE DU SYSTEME D'ACQUISITION DU FLUX LUMINEUX

La partie acquisition du flux lumineux nous permettra de recueillir le flux lumineux de notre système d'éclairage en vue de le quantifier et de faire la régulation .Donc en réalité cette partie constitue la chaîne retour de notre système global.

3.1 Interface matérielle

3.1.1 Schéma synoptique général

La fig. 3.1 présente le schéma synoptique du système d'acquisition flux lumineux. Nous y retrouvons un ordinateur, un bloc de conversion analogique-numérique, un multiplexeur une photorésistance et une photodiode.

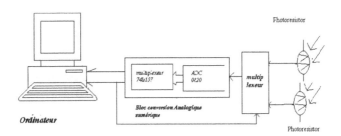

Fig. 3.1- Schéma synoptique général du système d'acquisition.

3.1.2 Schéma de principe

La fig.3.2. présente le schéma synoptique du système d'acquisition. Nous y retrouvons un connecteur DB25 un multiplexeur 74LS157, un convertisseur analogique-numérique ADC 0820, un connecteur pour photorésistance et un bloc d'adaptation pour alimentation portative.

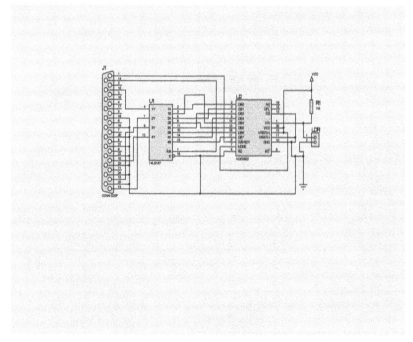

Fig. 3.2 -Schéma électronique de la carte d'acquisition

La carte d'acquisition à été réalisée au laboratoire du GR2IA.
Elle comporte :
- Un convertisseur analogique/numérique sur 8 bits ADC0820

- Un multiplexeur 74LS157.
- Un connecteur DB25 parallèle.
- Des résistances .
- Un photorésistor.
- Un régulateur.

3.1.2.1 Choix de certains composants de la carte

a) Convertisseur.

Les raisons qui ont motivé le choix du convertisseur ADC 0820. Sont :
1. Sa disponibilité ;
2. Sa consommation ;
3. sa facilité de mise en oeuvre grâce à l'oscillateur interne ;
4. son coût.

b)Photorésistor.

Nous avons opté pour la photorésistance à cause de sa disponibilité et sa facilité de mise en oeuvre.

3.1.2.2 Etude comparative de certains capteurs

L'étude d'un certain nombre de capteurs de lumière nous permet de dresser le tableau 3.1

	Photorésistor	photodiode	phototransistor
linéarité	Peu linéaire	Plage de linéarité étendue	Plage de linéarité étendue
prix	Moins cher	Un peu plus cher . rare sur le marché	Un peu plus cher et rare sur le marché
Mise en oeuvre	Très peu de composants	Nécessite circuit d'amplification	Nécessite circuit d'amplification

Tableau3.1 –Comparaison de certains capteurs

39

3.1.3 Carte d'acquisition

La Fig.3.3 présente la plate-forme expérimentale. Sur cette plate-forme, nous pouvons remarquer un ordinateur, la carte d'acquisition et le câble de liaison.

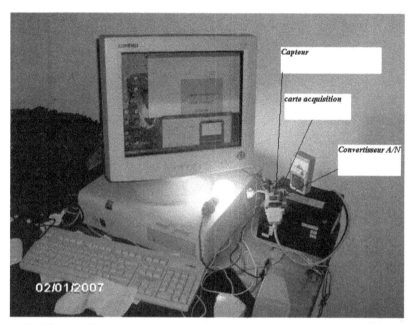

Fig.3.3- carte d'acquisition.

3.2 Logiciel d'acquisition

3.2.1 Interface Utilisateur

La fig. 3.4 présente l'interface utilisateur. Sur cette interface, nous remarquons un appareil de mesure qui nous permet de visualiser en temps réel le flux lumineux mesuré. Nous avons aussi une fenêtre qui nous permet de visualiser les fluctuations en temps réel du flux lumineux ce qui peut nous permettre de nous prononcer sur sa nature en terme de stochasticité.

40

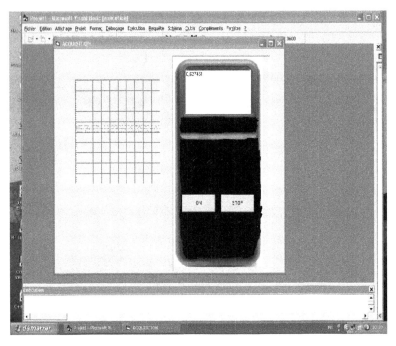

Fig.3.4. – Interface utilisateur et Copie écran de la simulation en temps réel de la carte d'acquisition .

La modélisation statique et dynamique de cette carte fera l'objet des études ultérieures ainsi que son étalonnage.

3.2.2 Organigramme de mise en oeuvre

Cet organigramme présent toutes les étapes nécessaires à la mise en oeuvre logicielle du système d'acquisition.

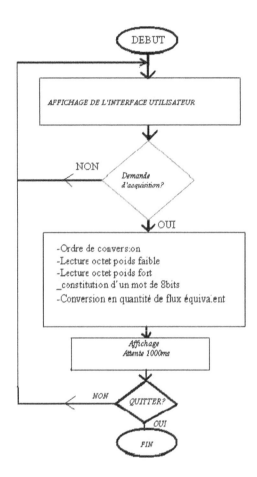

Fig.3.5- Organigramme de mise en oeuvre

Chapitre IV
PLATE-FORME EXPERIMENTALE DE COMMANDE
PAR ORDINATEUR DES SYSTEMES D'ECLAIRAGE

4.1 Schéma synoptique

La fig. 4.1 présente le schéma synoptique générale de la plate-forme expérimentale. Cette plate-forme est constituée d'un nombre n de sous système de commande et d'un module d'acquisition qui est muni de plusieurs capteurs qui peuvent êtres identiques lorsque l'on s'intéresse au contrôle de plusieurs zones d'éclairage. Lorsque que l'on veut étudier l'efficacité de capteurs différents on peut tout de même les monter sur ce module.

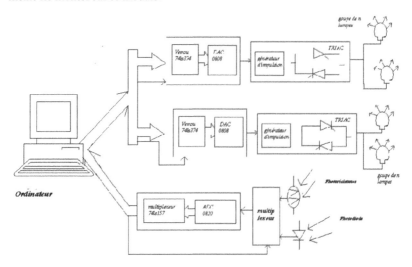

Fig. 4.1 Schéma synoptique général de la plate-forme.

La mise en œuvre de la plate forme peut nécessiter deux ports parallèles distinct ce qui ne se retrouve plus dans les ordinateur de nos jour. On peut aussi envisager l'utilisation d'un seul port parallèle ce qui va nécessiter de réunir les deux cartes sur une seul carte ; cette approche fait l'objet d'une conception en cours de réalisation. On peut aussi envisager de faire une migration vers une carte de commande USB ce qui fera l'objet des travaux ultérieurs. Les essais menés sur la plate forme confirment le fonctionnement réel de ce système.

4.2 Partie matérielle de la plate-forme
4.2.1 Schéma de principe

La partie matérielle de l'ensemble de la plate-forme expérimentale est constituée du système de commande et du système d'acquisition du flux lumineux. La figure 4.2 présente le schéma de principe de la plate-forme. Pour la mise en œuvre on a besoin de deux ports LPT. Pour les besoins d'expérimentation, nous avons utilisé un seul capteur(photoresistor). L'ajout d'un autre capteur nécessitera un multiplexeur qui peut être indépendant ou intégré dans le même convertisseur analogique-numérique.

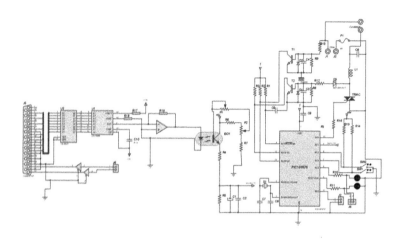

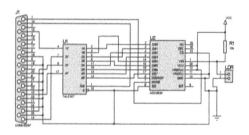

Fig. 4.2.Schéma de principe de la plate-forme.

46

4.2 .2 Vue d'ensemble de la plate-forme

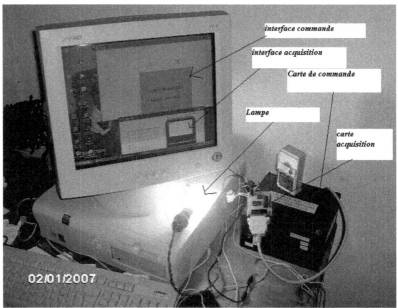

Fig. 4.3 Photo de la plate-forme complète.

4.3 Partie logicielle

4.3.1 Panneau de commande

La fig. 4.4 .présente le panneau de commande sous visual basic. Il est constitué des boutons de commande, de deux éléments de visualisation à savoir un appareil qui nous permet d'avoir la valeur du flux en temps réel et une visualisation graphique de la forme du flux en temps réel.

La partie logicielle de la plate-forme présente les caractéristiques suivantes :

- Possibilité de visualiser la variation en temps réel du flux
- Possibilité de générer les signaux tests et d'observer la réponse de tout le système

47

- Possibilité de mesure la valeur moyenne du signal reçu

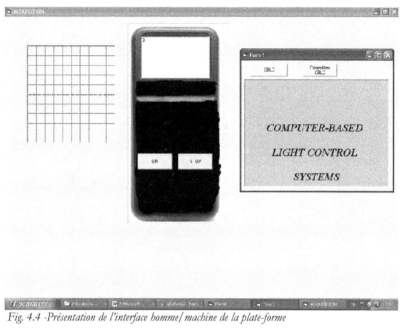

Fig. 4.4 -Présentation de l'interface homme/machine de la plate-forme

48

4.3.2 **Organigramme**

La fig.4.5. présente l'organigramme de la mise en oeuvre de la plate-forme expérimentale

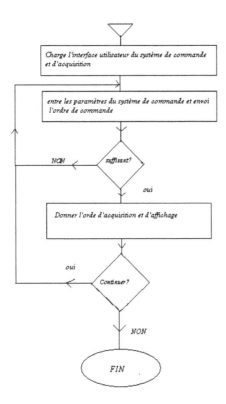

Fig. 4.5 -Algorithme de mise en Oeuvre de la plate-forme.

CONCLUSION

La recherche que nous avons menée nous a permis d'aboutir à certains résultats qui ne sont une fin en soit mais qui vont nous permettre de mener d'autres recherches. Les résultats auxquels nous sommes parvenus sont :

- Réalisation d'une carte de commande de système d'éclairage par port parallèle
- Modélisation statique de cette carte de commande
- Réalisation d'une carte d'acquisition du flux lumineux par port parallèle
- Interface homme/machine de commande d'un système d'éclairage en visual basic
- Interface homme/machine d'acquisition du flux lumineux en visual basic

Ces résultats nous permettrons dans un avenir proche, de :

- Faire la modélisation dynamique de la carte de commande
- Faire la modélisation dynamique de la carte d'acquisition
- Bâtir un système bouclé de commande et d'acquisition du flux
- Bâtir un système espère qui va nous permettre de gérer la quantité de flux en fonction d'une activité bien précise quelque soit le nombre de sources lumineuses dans une pièce.
- Procéder à l'intégration du module de commande et d'acquisition sur un seul port parallèle
- Procéder a une mutation vers le port USB du module intégré de commande et d'acquisition

Telles sont définies les perspectives pour ce travail. Nous ne prétendons pas avoir cerner tous les contours de ce travail mais nous espérons avoir apporté à travers ce travail notre contribution à la science.

BIBLIOGRAPHIE

[1]   R. De Keyser (Belgium) et C.M. Ionescu, *Modelling, Identification, and Simulation of a Lighting Control System*, ACTA Press, Février 2006.

[2]   Microsoft ,*Visual Basic 6.0*, Microsoft

[3]   J. Case Bradley et C. Millspaugh Anita, *Programming in visual Basic 6.0*, 1999

[4]   M. KIRSTEIN, *Visual Basic 6*, Micro Application, 1999

[5]   J.C.Mauclerc ,Y. Aubert et A. Domenach. *Guide du technicien en électrotechnique* , Hachette technique,288 page,2003.

[6]   H. Ney et N. Morel *Installations électriques*, Nathan technique,160 pages,2001.

[7] J. Jennings,F.Rubinstein,D. Dibartolomeo , *comparison of control options in private* officer in *advanced lighting control testbed*, August 1999 IESNA annual conference.

[8]   R. Bourgeois, D.Cogniel, B.Lehalle, *Memotech équipement et installations électriques* , Casteilla,541 pages,2002.

[9]   F. Rubinstein, R. Verderber, G. Ward, *Photoelectric Control of Daylight-Following Lighting Systems* . **1989.**

[10]   F.Rubinstein ,G. Ward et R. Verderber., *Improving the performance of photo-electrically controlled lighting systems.* Conference: Illuminating Engeneering society, Août 1988.

[11] J.MBIHI, A.BOUM, C..FOSSO OUAFO et C. TSATHOUANG , *An E-Learning tool for computer-based light control systems* ,IJEE, soumis pour publication.

[12] C. FOSSO OUAFO et C.TSACHOUANG ,*Gradateur de Flux lumineux commandé par ordinateur,* mémoire de fin d'étude sous la Direction du Dr. MBIHI Jean, encadré par BOUM Alexandre,2006.

[13]   J.MBIHI, *Méthodes expérimentales et traitement du Signal*, cours DEA, 2006, non publié.

[14]   The MathWorks,Inc 2004, *Matlab, The language of technical computing*, 2004.

[15]   J.Palm   William, *Introduction To Matlab For Engineers*, McGraw-Hill's, 1998.

[16] J. MBIHI, *Programmation avancée des automatisme*, cours DEA, 2006, non Publié.

[17]   J.MBIHI, *Commande par ordinateur*, cours DEA,2006, non publié.

[18] J.MBIHI, *Informatique et automation : Automatismes programmables contrôlés par ordinateur*, Publibook, 2005.

[19] F. Rubinstein et Karayel, *The measured energy saving from two lighting control strategies*, IEEE trans. Appl; Vol/issue: 1A-20:5, 1984.

[20] J.M. FOUCHET et A.PEREZ-MAS, *Electronique pratique*, Technique et vulgarisation386 pages.

[21] F. RUBINSTEIN. *Photoelectric control of equi-illumination lighting systems*, **energy** and building, 1984.

[int1] *Lumière sur la Lumière*, http://www.w3.org/TR/REC-html40

[inte2] *Tableau comparatif des sources lumineuses* http://www.led-fr.net/les_sources_lumineuses_tableau.htm.

[int3] *Les différentes sources lumineuses*, http://www.led-fr.net/les_sources_lumineuses.htm

[int4] *Les Normes Européennes de l'éclairage*, www.syndicat-eclairage.com/pdf/actualite/Normes%25.

[int5] *light and health*, http://www.led-fr.net/les_sources_lumineuses_tableau.htm.

Une maison d'édition scientifique

vous propose

la publication gratuite

de vos articles, de vos travaux de fin d'études, de vos mémoires de master, de vos thèses ainsi que de vos monographies scientifiques.

Vous êtes l'auteur d'une thèse exigeante sur le plan du contenu comme de la forme et vous êtes intéressé par l'édition rémunérée de vos travaux? Alors envoyez-nous un email avec quelques informations sur vous et vos recherches à: info@editions-ue.com.

Notre service d'édition vous contactera dans les plus brefs délais.

Éditions universitaires européennes
est une marque déposée de
Südwestdeutscher Verlag für
Hochschulschriften GmbH & Co. KG
Dudweiler Landstraße 99
66123 Sarrebruck
Allemagne

Téléphone : +49 (0) 681 37 20 271-1
Fax : +49 (0) 681 37 20 271-0
Email : info[at]editions-ue.com
www.editions-ue.com

www.ingramcontent.com/pod-product-compliance
Lightning Source LLC
LaVergne TN
LVHW042348060326
832902LV00006B/471